005　　　　　　　　　　　　　　　우울

안소연   양냥이   연이슬   영원   이유라
김민주   김승민   수현   우산   유리
김수연   이현경   이지선   홍비   하송
김라면   김청연   황예담   연지   素   손민지
이하랑   김근호   김이지   이은수   최예진
송유   고운   이세계   이도아   연우   박영신
난바다   도이   김재원   이소희   이준환
최현서   장지명   이시윤   리아   이승민
임동영   허승우   이지우   김범석   이인효   상인
시준   성지나   한영원   이예희   종로   고은호

감히 당신의 우울을 헤아릴 순 없지만
이렇게나마 당신의 안부를 묻습니다.

2021년 9월

I

출처 불명 안소연 · 13
아늑한 방 양냥이 · 14
먹이사슬 연이슬 · 16
안티프리즈 영원 · 19
고래 주둥이에는 별이 없다 이유라 · 21
공동묘지 덕수궁 김민주 · 22
놀이터 아이들 김승민 · 25
내가 되어버린 것에 대하여 수현 · 27
멀미 우산 · 28
모순 혹은 역설 유리 · 31
우울의 주기라는 것 김수연 · 34
우울한 무화과 잼은 쉽게 상한다 이현경 · 36
탁색 이지선 · 38
우울 홍비 · 40
겨울나무 하송 · 42

모두가 떠나도 남을 걸 알았다 김라면 44

극야 김청연 46

ㄹ 황예담 47

심연의 파도 연지 48

바다를 마시는 일 素 50

그렇지만 손민지 52

손톱 밑 우주 이하랑 54

자정부터 일출까지 김근호 56

II

장마의 예후 김이지 61

물도 셀프, 단무지도 셀프, 나는 헬프 이은수 64

너를 떠올리면 저녁과 자살이 한 문장 안에 있을 수 있어
최예진 66

우울 안 개구리 송유	69
불청객 고운	70
팔월 이세계	72
유리병에 담긴 편지 이도아	74
비가 오지 않는다 연우	77
당신은 있었는가 박영신	78
비, 늘 난바다	79
구름 도이	81
나선의 아버지 김재원	83
단잠 이소희	85
시가렛 애프터 섹스 이준환	88
우물에 빠진 순간 최현서	89
, 네 번째 반항은 하고 싶지 않습니다 장지명	90
우울증 이시윤	93
변태變態 리아	94

병실에는 빛이 잘 들지 않았다 이승민   96
회신 임동영   98

Ⅲ

선물 허승우   103
우울 500ml 이지우   105
차라리 김범석   106
귀가 이인효   107
동아줄 상인   108
부상 浮上 시준   110
잘 자 성지나   111
신호 한영원   113
우울이란 태풍 이예희   115
우울하기 좋은 날 종로   117
야상곡 고은호   119
    121

*작가명은 작품 첫 장의 쪽 번호 옆에 표기하였습니다.

I

출처 불명

작은 흠집에 파고든 물은
언제부터였는지도 모르게
점점 차오르기 시작하더니

감싸 안으려던 마음을
해저 깊은 곳까지 가라앉혀
좀처럼 떠오르질 못하고

껍데기뿐인 몸으로
움직여보려 해도
작은 진동조차 허용되지 않는

이 모든 것은
어디에서부터 시작되어
어딘가로 보내져야 하는지

아늑한 방

내 방 가득 침입한 불안한 마음을 피해
차곡차곡 담을 쌓아봅니다.
그래도 사라지지 않는 그 마음에
문을 꽉 닫아보고, 창문을 쓰윽 하고 지워봅니다.
이제는 누구도 침입하지 못하겠지 하고 웃어보려니,
그제야 방안 가득 들어찬 어둠이 보입니다.
방은 점점 어두워지더니 불안한 마음에 이어
두려움까지 찾아들었습니다.

아늑하던 나의 방은,
어쩌다 보니 칼처럼 날선 방이 돼버렸습니다.
날선 방에 아파지자,
작아지면 아늑해질 거야 하는 생각이 들어
이번에는 방을 끝에서부터 조금씩 지워봅니다.
작아지고, 작아지다 어느새 작은 상자 같아진 방.
이젠 방인지, 상자인지 나도 모르겠습니다.

불안한 마음은
나를 어둡고, 좁은 상자 안에 가둬버렸습니다.

아니지요, 아니지요….
나는….
나를 그렇게 가둬버렸습니다.

먹이사슬

불면을 즐기고픈 날입니다
쉽게 말하면 약을 먹기 싫다는 소리입니다

종종 이런 생각이 들 때마다
맹목적인 충동에 불과하다고 치부해왔지만,
약물치료를 삼 년째 이어오고 있는 지금에서야
이 거부감에 이유를 붙여줘야 쓰겠습니다

 스멀스멀 퍼져서는 정신이 흐릿하여 아득한 생각을 멈추게 하는
 이것의 효능이 마음에 들지 않는 까닭입니다

 우울과의 공존이 끝날 날에 대한 막연함과
 이 주에 한 번 외래 진료를 받으러 가는 치료에 대한 회의감이
 굴레를 돌다가 마침내 나를 늪으로 끌어당겨 암울한 때에는
 처연히 불면에 갇혀도 나쁠 것이 없습니다

감정 조절 따위 내 손에서 벗어난 지 오래인 내 처지에
약간의 연민

그러나
세상 사람들 모두가 고통을 안고 살아간다며
이질감을 느끼기까지

깨어
나
있습니다

  새벽을 즐기겠노라 당차게 다짐한 바와 다르게
  문득 꼬리를 잡힌 나의 존재에 대한 괴리감이 숨구멍을 막는 것만 같고
  뱉어내지 못한 원망들과 섞여 넘어가질 않습니다

  나는 다시 약의 힘을 빌리고
  밤은 깊고 깊니다

그래서
이제는 나
없습니다

안티프리즈

리는 울었다. 원치 않는 이름으로 태어난 날도. 그 이름을 버리고 소멸할 날에 다다랐던 날도.

짓이겨진 입술을 깨물고 리는 울었다. 밖은 어두워. 근데 난 눈이 부셔. 세상은 고요해. 근데 머릿속에 말들은 지겹게 떠돌아. 쓰는 일을 멈추니 글자들이 온몸을 도는 느낌이 들어. 나는 습관들을 버렸어. 그리고 말을 버렸어. 그러니 묵혀있던 사람이 떠났네. 아무것도 남은 게 없다. 그래서 나는 매일 울어. 키우던 화분도 죽어어. 근데 여전히 삶은 지속돼. 나는 여전히 여전하게 여기 살아있어. 선을 그리던 사람 선을 그리던 너 모든 선을 이어 사람을 그리던 너. 너는 내 머리를 시작으로 길게 자란 발톱 하나까지 세세히도 그려냈지. 네가 나를 완성했을 때 그제야 나는 사는 것만 같았어. 그런데 너는 결국 나를 하나하나 지워버렸지. 마치 예정이라도 된 듯이. 고비는 매 순간 찾아와. 그리고 이 공허함은 매일 지속될 거란 걸 분명히 알아. 그런데도 나는 살아야 하는 마음이 너무도 끔찍한 거 있지. 리는 편지도 메모도 아닌 알 수 없는 글을 남긴 채 아득한 곳으로 떠났다. 모두가 리를 이기적인 사람이라며 욕했다.

리는 정말 이기적인가? 리가 추억해야 할 무엇도 이 땅엔 없다. 나는 더 이상 선을 그리지 않는다. 선을 이어 사람을 그려내는 일 따위는 하지 않는다. 더는 리를 볼 수 없다. 그릴 수도 없다. 강물에도 바람에도 더는 존재하지 않는 리.

고래 주둥이에는 별이 없다

 마음을 환불받지 못해 고래 주둥이에 목을 내놓은 기억이 있다. 성실한 신호등에게 내가 더 잘났다며 엄마의 립스틱을 내리쳤던 추억도 있다. 짓무른 마음이 아리다며 혀를 주욱 내밀어도 돌아오는 그의 혀에는 성난 털이 가득할 테고. 나는 기대하지 말아야지. 그는 다르다고 여기지 말아야지. 주둥이에 이가 서는 것도 모른 채 어깨를 더 텁텁하게 눌러 넣는다. 시계를 삼킨 목울대가 시끄러운 소리를 낸다. 거대하고, 사랑하고, 그토록 원했던 이에게 던질 소음과도 같은 눈물, 구태여 그 안으로는 편편하고 평평하게 사그라질 잔상을 선물하려나요. 나는 영원히 탐을 내는 운명을 타고났지요. 밤하늘을 드러내는 별들은 부끄럽게도— 빛이 환할 텐데. 별빛에 지는 그림자는 철없이 속삭이네요. 별을 따라며, 내 안에 존재할 그 무수한 별을 따라며.

 나는 그을린 마음을 붉은 혓바닥 위로 눌러 올려요. 파리처럼 떨리는 손으로 그를 담으려 했던 나의 구차한 몸부림. 그러나 밤하늘은 여전히 첨벙거리고. 아마 눈물은 발이 달렸나 보지요. 별은 어디에도 없어요. 별의 소실이 분명한가요.

공동묘지 덕수궁

엄마가 아이 눈물을 닦아준다
아무도 지나지 않는 중화전 옆 계단에서

소나무 벤치 아래 휴대폰만 들여다보는 어머니 옆에서
야무지게 동여맨 우산을 든 누나가
끈 풀어헤친 우산을 든 남동생을 안아준다

정 1품 종 1품
정 2품 종 2품
정 3품 종 3품…

중화전 앞에 묻힌 이들은
집으로 발걸음을 돌리는 이들만큼 줄어들었다

에코백과 책자를 든 여대생이 지나갔다
나는 고독하지 않아도 됐을 땐 고독했고
고독해야 할 땐 그렇지 못했다

어릴 땐 누구와 함께 있었어도 됐을 텐데
하지만 그땐 그러고 싶지 않았다
여대생의 앙다문 입처럼

빛나는 서열은 비석이 되었다
무덤이 되고 공동묘지가 되어
소나무 아래 그림자를 이기지 못하는 석양은
이제 망자를 위한 양지도 만들 수 없다

난 저곳에 무엇을 묻을까
고독해야 할 때 고독하지 못했던 내가
여기서 무엇을 묻을 수 있을까
무엇을 묻고 싶어서 여름이 떠난 계절
낙엽 하나 지지 않을 나무 아래 있을까

나뭇가지가 바람 사이로 떨어졌다
나는 쉬이 소리를 내는 나뭇잎을 보다
그 나무가 소나무가 아니란 걸 알았다

이 나무는 낙엽을 지우고 떨어뜨려
묻을 것이다
내게 그걸 보여주려고 나뭇가지를 땅에 묻었다

마지막 연을 기다리며
노트를 내려놨더니 바람이 그것을 덮었다

이제 이 묘지를 나선다

놀이터 아이들

우리에게는 해괴한 버릇이 있다

악수는 동맥 위의 검지로 하자

서로를 재고 싶었던 여럿

잘 뛸까?

던져진 술병에 맞았을 땐 그랬던 것 같은데

전보다 연해진 가로무늬근을 매만진다

그것이 우리가 유일하게 허락받은 인지

모래성을 바로 보지 못하고
모래성 아래의 공포를

곧 무너질 것을 상상해도

그만둘 수 없지
심전계가 멈추기 위해 뛰는 것처럼

흙먼지를 마시면 몸이 넘실댄다

눈이 따가워
엉겨 붙는 눈곱

원을 그리기 위해 들고 간 컴퍼스는
어느새 자신에게 향해 있다

옛 손금을 버리기 위해

첨예한 것을 심장 위로 문질러 본다

내가 되어버린 것에 대하여

아, 그렇게 나는 하늘이 되어버린 것이었다.
나는 하늘이 되었다가
누군가의 숨이 되었다가
울음이 되는 나를 보고
나는 감히 누군가에게
이다지도 되어버려도 되는가에 대해
세 시간을 마냥 고민했다.
나는 이런 사람이 되어있다는 것에 좌절했고
한참을 살랑거리다 사라지는 자아들에
저 동살에 녹아들자 다짐했다.

아, 찬란하다.
나는 그렇게 서서히 아침으로 나아가던 것이었다.

멀미

혀끝에 맴도는 멘솔을 느끼면서
새로 발견한 감정에 이름을 붙이려고
무진 애를 쓰다
맥이 풀려 그만두었다
침대는 몸을 끌어당기고
나는 무릎을 끌어안아
초가을에 땀이 맺히는 것도 아랑곳 않고
열에 달뜬 채 속삭였다
새벽의 너는 무슨 꿈을 꾸며 잠들어있느냐고

그날 나는 누군가의 글을 보고 구역질이 올라왔다
그건 분명 좋은 글이었고
사랑과 삶의 반짝임에 대해 노래하는
한 폭의 그림과도 같았다
그리고 그 손끝에서 써내려질 사랑에 대한 낱말들을 읊조리며
입꼬리에 미소를 걸고 있었을 작가를 생각하면 은은한 온기까지도 느낄 수 있었다

그리고 내 감정은 그런 따스함에 익숙지 않아

겁이 날 만치 메스꺼웠고
내가 써 내려간 축축함과 비약과 욱신거림을 떠올리며
내 글은 나 자신 외에는 사랑받을 수 없겠구나를 깨달았다
그건 일종의 질투였다

그날의 온도와 습기
햇살이 비치던 정도
새소리와 벌레들의 재잘거림
낱말의 울림
쥐었다 펴는 구토 뒤의 메스꺼움
순간의 침묵과 맥박
보이지 않아도 강렬하리만치 느껴지는 힘들
꿈을 꾸고 난 뒤의 신열과 식은땀
무기력과 우울에서 오는 인력
가벼운 농담과 취기
향기

내가 모으는 것은 감각이고
빠져 죽게 될 것도 역시 그것이라
죽음 후에 오는 것들이 무엇인지

궁금할 적이 있었다
삶이란 덧없고 찬란하고 지루하고
어른인 척하는 것과 아이처럼 웃고 마는 것 사이의 무언가라
숨이 끊어지고 나면 무뎌짐과
기억으로 남는 것인지
겪기 전까지 영영 알지 못할 것

땅을 딛고 있어도 멀미하는 기분으로 산다는 것

모순 혹은 역설

나에겐 이제 닳고 닳은 아픔밖에 남아있지 않아서
무뎌진 칼날을 억지로 박아 넣는 일밖에는 할 수가 없어서
특별할 것 하나 없는 흉터로는
더 이상 동정받을 수 없다는 걸 알아서
그 무엇도 꺼내 보일 수 없게 되었다

평생을 피 흘리기를 원하는 나는
그렇게 영영 고립되는 것이다
모든 상처가 아무는 순간
존재는 소멸하고 말 테니까

상처의 크기와 그 고통은 비례하지 않았으므로
자질구레한 잔흉들로 얼룩진 삶은
살아내기엔 버거웠고 놓아 버리기엔 부끄러웠다
구차하고 진부한 삶이다
그 누구도 꺼내 읽지 않을
그 누구도 기억하지 못할

낡은 감정은 진부한 글을 토해낼 뿐이다
자기 복제에 가까운 의미 없는 문장들

그래, 난 이제 그 무엇도 할 수 없게 되었다
스스로를 망가뜨리고 좀먹으며
새로운 고통을 탐닉하는 괴물
괴물에게는 표정이 없었다

"글이 쓰고 싶어."

매일 밤 첫 문장을 쓰고 또 지웠다
뒤엉킨 기억들과 정리되지 못한 감정들은
바라만 봐도 구역질이 났다
뱉어낸 문장들은 제법 그럴싸해 보였으나
참을 수 없는 악취를 풍겼다

매캐한 담배 연기가 점막을 찔러도
붉어진 눈에서 눈물이 흐르는 법은 없었다
밤은 지독히도 고요했지만
귓가에선 비명에 가까운 이명이 웅웅거렸다

꿈은 더 이상 인류를 찾아오지 않았고
사람들은 죽음에 가까운 긴 잠을 잤다

아포칼립스의 시작이었다

우울의 주기라는 것

우울 속에 있던 과거의 나는
초승달
우울의 농도도 차츰 옅어져, 나는
상현달이 되었다

시간이 조금 더 지나면
보름달이 되지 않을까
비로소 우울에서 벗어나
편안함을 느끼지 않을까

그러나 시간이 더 흐르면
짧았던 보름의 순간은 지나가고
우울에서 구제해 주었던 시간은
다시 나를 우울로 끌고 가곤 했다

초승달 상현달
보름달을 지나 다시,
하현달 그믐달

매일같이 보던 달인데
오늘따라 달이 더 푸르스름하다

우울한 무화과 잼은 쉽게 상한다

무화과를 먹은 적은 없지만 그릴 수는 있었다
한여름의 무화과는 어딘가 서글픈 맛이 나
그래서 언니는 잼으로 만들자고 했다

설탕을 들이붓느라 손에 달라붙은 설탕들이 따끔거렸다
손톱 사이에 낀 행복을 보며
행복이 따끔거릴 수 있구나 생각한다

'무더운 여름'에서 무가 수식어라면
무화과의 무는 무엇을 수식하는 걸까
무는 결국 우울해졌다
무를 위로하기 위해 나는 화가가 되어야지

우글거리는 과육 사이로 어수룩한 햇빛이 비치고
그보다 더 어수룩한 나는 물감을 꺼내들었다

화실에서 캔버스를 빌려온다
오래된 유화 물감은 노란 기름이 떠올랐는데
그곳에선 무화과 냄새가 났다

무화과는 캔버스에 그리기엔 너무 발랄했으며
노래로 부르기에는 도를 지나치게 슬펐다

그러니까 무화과는 종이 위에 내려앉았다
뭉툭한 몽당연필이 그 위를 간질이고
나는 배를 부여잡고 울었다
네가 없는 여름밤은 상한지 오래였고
모른 척 먹은 나의 잘못이었다

우리는 여름에만 사랑할 수 있었으며
매년 돌아오는 겨울은 방부제로 포장했다
식중독은 식사 중 독에 걸린다는 뜻
나는 너와 식사하며 너에게 중독된다는 뜻인 줄 알았어

이제는 식중독에 걸릴 수 없으므로 잼이 완성되었다
새벽 2시에 먹는 모닝빵은 모닝빵인가

나는 상관없이 베어 물었다
무화과 잼을 한가득 발라서

탁색

나는 밤 중턱에서 네 번은 넘어져야 새벽을 밟을 수 있었다

까진 살갗으로 들어오는
남색의 유리알
어젯밤, 구름들이 먹었던 꿈들

우주의 파편들이 몸속에서 반짝거렸고
게으른 아침 탓에
햇빛이 젖는 일이 많아졌다

네 이름을 부를 때면 음절이 태양만큼 뜨거워졌다
헐거워진 발음에 잿빛만 남겨두었고
고백은 계절 사이에 끼워두었다
그건 문드러진 책 속에 접힌 숨처럼 찾을 수 없었기에
수취인 또한 불명이었다

손끝에 달린 토성의 꼬리
그곳에서 파생되는 미약한 단어는 내 혀 밑에 숨겨둔 계절들

혹은 거짓말들

이해할 수 없는 언약을 했다는 변명으로
나는 밤으로부터 우주로부터 달리고 넘어졌다

그림자를 갉아먹었던 우울

다섯 번을 넘어져도
숨겨두었던 푸른빛은 꺼낼 수가 없었다

우울

우울
이라는 말을 좋아하지 않아서
나는 제멋대로 단어를 씹어 대다가

툭
투둑
바닥에 이리저리 뱉어놓고
하나씩
느린 이름으로 읽는다

식후 30분마다
새벽의 아지랑이를 삼키는 일이라고

원북면 길가에
반反사랑을 새기다 망가진 장맛비라고

들국화의 지저분한 노랑을 머금은
그을린 유월의 고백이라고

그리고
갈 빛 공기에 절여진 혀를 미처 잘라 내지 못한 채로
ㅇㅜㅇㅜㄹ
이라고

새로 이별한 사물들의 초성을 바칠 새도 없이
다시 또

우울이라고

겨울나무

지난겨울 중 가장 많은 눈이 내린 날
그날 뽀얀 눈밭 길을 걸으며 자조했다
어제 새벽 울며 뜯어낸 내 비듬치고는
지나치게 많은 양이 겨울나무에 내렸다고

솜이불 양껏 덮어봤자 메말랐네
또 우습도록 볼품없이 앙상하네
생과 사를 스스로 정할 수도 없지
겨우내 생살 발리다 찢길 꽃눈 또 피우고

인간들은 말이다 시작점은 스스로 못 골라도
끝이 어딜지 정하는 데에는 오롯이 자유로우니
쳇바퀴 본능에 역행할 수 있는 우리만의 특권이지
그리 으스대니 겨울나무가 날 가만히 바라본다

거실 전구가 나가기 전 아주 빠르게 깜빡거리면
숨넘어갈 듯 점멸하는 게 내 미래 같아 기분이 나빠지고
부레병 걸린 금붕어가 죽기 직전 허연 배를 까뒤집으면
악착같은 발버둥 보기 괴로워 깊은 불안을 느낀다

잘난 체해봤지만 실은 모르겠다 쉬운 게 하나 없다
몸 짓누르는 아늑한 어둠에서 기어 나오는 것도 무섭고
봄 온다 봄 온다 하면서 웅크리고 있는 것도 난 무섭다
몰락을 걸어가도 발길 돌리긴 두려운 가련한 겁쟁이다

겨울나무 너마저도 나를 동정하겠지
애매한 비관에서는 쉽게 빠져나오기 힘들거든
멈춰 서 있다간 눈사람 될까 걱정하는 이 인간은
집 안 가고 너 있는 눈밭 위만 빙빙 돈다

모두가 떠나도 남을 걸 알았다

새하얀 도화지 위 유려한 흑연이 곡선을 그린다
맞닿은 두 손은 흑연의 진동에 위태로이 흔들린다
까맣게 번져가는 종이 위에 손아귀는 짓이기고
어느새 묻어난 검댕은 까만 공간을 벗어난다

검댕은 옮겨 다닌다

공간을 벗어난 짙음은 새카만 흔적을 흐트러뜨린다
이곳저곳 달라붙어 칠흑 같은 영역을 퍼트려버린다

커져가는 짙음에 새하얀 지우개는
당황스런 손짓으로 짙음을 지우려
꼬부랑거리는 몸짓으로 춤을 춘다

검댕은 옮겨 다닌다
춤―은 따라다닌다

내게 묻어 지워지지 않는 검댕처럼
피터팬의 꼼꼼히 박음질 된 그림자처럼
어느 죄수의 발목을 붙잡는 그 낙인처럼

흐르는 흔적에 선했던 내 기억은
당황스런 몸짓으로 진실을 잡으려
흐느적거리는 손짓으로 따라다닌다

모두가 떠나도 너 하나는 남을 걸 알았다
모두가 말려도 그 기억은 남을 걸 알았다

모두가 떠나도 그 짙음은 남을 걸 알았다

극야

있잖아요, 겨울은 원래 이리도 추운가요?
꽃샘추위인 줄로만 알았던 겨울이 이리도 오래

도망치고 도망치다 도착한 극지
나는 오직 눈과 어둠과 함께
잔혹한 극야를 견디며, 기약 없는 봄을 애타게 기다려요

겨울은 원래 이리도 외로운가요?
견디다 못해 얼음에 비친 나를 바라보고 또 끌어안아요
온몸이 하얗게 얼어붙어도 난 결코 놓지 못하겠죠

눈 폭풍은 또다시 나를 덮치고,
낮도 없고 밤도 없는 이곳에서
어둠은 나를 붙잡고 심연으로 끌어내려요
금방이라도 사라져버리고 싶으면
난 어떻게 해야 하는가요

있잖아요, 태양을 삼켜버린 어둠은 언제쯤 물러날까요?
발치에 끈적하게 달라붙은 그림자가 되어,
영영 저를 따라다니려나요

ㄹ

우울이 가진 이름의 전파력은 너무 강해 입에 담기조차 싫다.
우울의 어원은 분명 울고 싶다고 목놓아 말하던 환자의 소리였을 것이다.

울고 싶지만 울 수 없는 것….
우울고 싶지만 우울 수 없는 것.
우우울고 싶지만 우우울 수 없는 것.

단어를 뜯어보는 지경에까지 이르면 언어는 더 이상 언어가 아니게 되고.

우와 울은 그렇게 남이 된다.
눈과 물은 그렇게 남이 된다.
나와 나는 그렇게 남이 된다.

우리는 울음이 되고 울음은 우울이 된다.
낡은 우리는 울음이 되었다가 결국 우울로. 우울이라는 우물로.

심연의 파도

무결점의 백색 같은 세상이 두려워
눈을 감아 암흑으로 뒤덮고 나면
이내 세상은 거대한 파도로 다가오고 만다

파도 속에 잠겨 눈물을 토해내고 싶다
뺨을 타고 흐르는 물과 섞여버리게
자유로이 물속을 헤엄치는 물고기처럼
뻐끔뻐끔 소리 내어 울고만 싶다

그렇게 토해내고 나면, 괜찮아질까
더 깊은 파도 속으로 빨려 들어가고 말까
먹힐 듯 무섭게 다가오는 파도가 아닌
마음만큼은 잔잔한 바다이고 싶다

괜찮지 않아도, 괜찮아 보이고 싶다
나를 이해하려 하지 않아도 좋다
내 우울은 오직 내 것이니까
벅차오르는 감정을 묻어둬야만 하겠지

오늘 하루는 거센 파도에 잠겨 죽고만 싶다
몸을 맡겨 이리저리 떠돌다 보면
결국 어디에 가 있을까, 나는

바다를 마시는 일

사람은 바다를 마실 수 없다

하지만 섬에 남겨진 이에게
다른 선택지란 없다

불가능임을 알면서도 다짐한다
자신이 이 바다를 모두 마셔
보란 듯이 이겨낼 것이라고
육지로 나가 제 이야기를 들려줄 것이라고

다만, 문득 햇살이 좋은 어느 날

파아란 하늘에 하이얀 구름이 여유로울 때
아무리 마셔도 바다는 그대로 거대할 때
너무도 그대로라 윤슬마저 눈부시게 아름다울 때
파도가 손을 내밀며 이름을 불러올 때

몸속에서 그때를 기다리던 바다에게
우울이라는 바다에게

나는 잠식당하고 만다

그렇지만

어른도 혼자서 못하는 일이 있잖아
맞아
마침표 대신 눈이 내렸고 아무래도 그 두 글자가 우리의 입을 하나씩 사이좋게 막았던 것 같아 그냥 보고만 있던 네 옆에서 나는 주먹을 몇 번이고 쥐었는데
펴보면 물뿐이었어

넌 알지
선물로 받은 것이 물기 어린 꽃보다는
싱싱한 손목일 때 더 특별한 거
내 선물상자들 위엔 먼지 하나 없어

어릴 때 좋아했던 국숫집 앞이야
마지막으로 왔던 게 막냇동생의 첫 돌이었나 할머니의 환갑날이었나 문 밖에 길게 늘어선 사람들의 입모양을 멀뚱히 보던 내 앞에 처음으로 놓인 국수 한 그릇

이렇게 가득 먹어야 늠름한 어른이 될 수 있구나
아무리 먹어도 끝나지 않는 면줄기를 신나게 집어올렸던 작은 손을 찾아왔는데, 잘린 손목들이 마룻바닥을 뚫고

나와서 반갑다는 얘길 뚝뚝 흘려 귀를 막으면 나를 빤히 보는 하얀 눈동자들이 데굴데굴 굴러와 잠시만 내가 가진 눈동자는 몇 개지 유리문 너머에 쌓이는 눈동자들은 세포분열을 시작하는데

  나는 눈동자가 두 개밖에 없어
  문이 문이 아니게 되는 순간 눈동자들의 웃음 소리 손목들의 맥박 소리가 뒤엉켜 쏟아져 나는 백기를 들려고 눈을 감았어 그렇지만 무덤이 이런 모양이란 얘기는 한 번도 들은 적이
  없는데

  눈을 뜨니 손등에서 눈이 막 미지근해지고 있어

  밀어도 당겨도 닫힌 문 너머 군데군데 내려앉은 마룻바닥
  육하원칙이 무색해지는 일이 하나 더 생겼네

  눈이 사라지고
  나는 또 새로운 손목을 받겠지

손톱 밑 우주

내 어린 손은 너무 팽팽해서
자꾸 손톱 밑 여린 살을 물어뜯지
마치 주름을 잡으려는 듯

살 아래 가득 찬 꿈을 피와 함께 흘려보내는 건
곧 성숙함의 증거
내 손톱은 너무 빨리 자라고
대체 얼마나 더 늙어야 내 우울은, 우주는 팽창을 멈추려나

옥상에서 떨어지는 꿈을 꿨지
그때 나는 분명 웃고 있었는데
깨어나니 깨져있는 손톱
너는 내 안의 무엇 대신 추락한 걸까

먹은 나이만큼 노련해지리라 믿었던 열일곱 생일에
엄마는 손톱을 잘라주며 그랬었지 꼭 그렇지만은 않더라
상처를 들키고 싶지 않아

그런데 열 손톱 밑 빠알간 주름을 보고도
모른 척하는 우리 엄마

노인이 된 딸을 위해
왜 울어주지 않는 건가요

깎이는 손톱과 내쉬는 호흡의 수만큼,
딱 그만큼 나는 알맞게 숨 막혔고
그건 내 탄생의 원인인 엄마의 잘못만은 아니었음을
급히 늙은 아이의 폐는 그만큼 더 가쁘고
우주는 원래, 우울은 원래 진공상태인 법이니

대체 얼마나 더 많은 손톱을 잘라야
내 우주는 죽음 앞에 노련해질까

혹은

그럼에도 살고자 하는 꿈,
나의 그 유구하고 우울한 장래희망 앞에서

자정부터 일출까지

내가 나를 한 삽씩 퍼내기 시작하오
하고 싶어서는 아니오
그렇게 하기로 되어 있소

삽의 끝에는 손가락이 달려 있소
손톱은 거의 없다시피 붉지만 별 관련 없소
때로는 어금니도 삽의 끝에 있소
문제는 언제나 깊이였소

파인 나에, 누운 내가,
퍼낸 나를, 꼼꼼히 채우오
가장 마지막에 덮을 것은 콧구멍이 그나마 낫소

콧구멍이 덮이면
가족이 우정이 사랑이 내가
어딜 그리 바쁘게 지나가오
빛이 스치면 미룬 숨을 확 들이쉬고
다시 내가 나이오

II

장마의 예후

애인이 떠나고 나면 외도하는 기분이 시작된다 그는 내가 본 것 중 가장 아름다운 뒷모습을 가졌지만
아름다운 것 앞에서 슬퍼지는 건 아무래도 고칠 수 없는 병이고
비밀이 있다는 것은 영원할 수 없다는 것
비밀이거나 혹은 우리거나

네가 뒤돌아서 내게 손을 흔들 때 그 팔이 정말 선하다고 생각해
그것은 너무 희고 착한 팔이라서
나와 내연의 존재까지 다 안을 수는 없겠지
너는 선하다고 생각해
하지만 선하고 아름다운 것들은
장마처럼 가학적이다

"내일도 비가 오니까 우산을 챙겨"
그렇게 말해도 자꾸만 잊는다
나의 미래는 기후 위기보다도 고무적이지 못하고

가장 좋은 것들 앞에서도
가장 나쁜 것들을 생각한다

엎질러진 손목과 행진하는 통화 연결음 묽어지는 나를
위해 우산을 가져다준 선한 그 인생의 불우한 장마

비가 오고 어둠이 오고

한다
떠났으면
떠나지 않았으면

나는 나쁘지

물컹하고 어두운 것이 새벽 내내 내게 인공호흡한다 장
마의 영향으로 천장이 무너지기를 기대해 보지만
  내게 나쁜 것들은 이루어질 수 없다

그래도 사랑해

초록색 천을 덮고 누워 배를 가르는 꿈을 꾼다
마음 하나를 적출해내고 싶다

애인이 떠나고 나면
슬픈 예감이었다
죽고 싶은 마음이 사랑하는 마음을 영영 따돌리지 못할 예감이었다

물도 셀프, 단무지도 셀프, 나는 헬프

―살고 싶다

오전 한 시 팔 분, 빛바랜 종이를 쓸다 문장 하나에 손목이 베인다.

나의 절규는 처절하게 바라는 구원이라, 나는 이따금씩 무릎을 꿇고 앉아 울어버린다. 아니, 자주 그랬다. 나는 자주 구원을 바랐고 종종 타인을 용서했다. 내가 용서한 당신은 나를 구원하지 않는다. 그래도 나는 읊조린다. *나를 구원하지 않은 당신을 용서합니다. 그러니 사랑하세요. 사랑을 하세요. 그게 무엇이든.* 흰 면사포 대신 이불을 뒤집어쓰고, 십자가에 걸린 것 마냥 팔을 쩌억 벌리고, 그래, 나는 용서한다. 나를 구렁텅이에 빠트린 누군가를, 내 가족을, 가족이었던 사람을, 당신을.

그러나그누구도나를구원하지않았다.

한 시 오십사 분. 누군가가 죽기에 좋은 시간이었다.

두 시 사십오 분, 찢어진 문장들을 눈물로 붙여도 시가 되지 않았다.

세 시 삼십 칠 분, 이제 유서를 쓸 시간이 된 것 같다.

네 시, 네 시 반, 다섯 시, 푸르딩딩한 하늘, 그리고 뱉는, 비속어, 아, 이, 씨발.

살고 싶어서 잘린 손목을 눈물로 이으려 해도 나는 시가 되지 않는다.

나는 그 누구에게도 쓰이지 않아서, 문장이 될 수 없었다.

그 누구도, 나를, 새기지, 않는다.

다음 생에선 시로 태어나야지.
손목이 잘린 당신을 시로 만들어야지

너를 떠올리면 저녁과 자살이 한 문장 안에 있을 수 있어

먼저 떠나간 이를 생각한다

잘 지내니?
오랫동안 이렇게 묻고 싶었어*

이쪽의 바다는 갈수록 버석해지고 있어
영원에 이르기까지
두고 온 것들을 떠올려
옥수수와 조개껍데기
장마와 보름간의 휴가

너를 떠올리면 저녁과 자살이 한 문장 안에 있을 수 있어
멍든 새벽을 달려 아침을 가져오는 동안
조금만 더 곁이기를 바랬는데

여기까지 쓰고, 기침이 멎질 않는다

어제는 악몽을 꿨어, 너와 똑 닮은
드러난 발목으로 종단하던 섬

울면서 그러쥐었던 조약돌
고백 같았던 날씨

섬에서는 일기를 썼어
하루도 거르지 않고
가난한 마음은 글씨체를 따라 자꾸만 기울어졌는데
그렇게 침잠하는 점과 선 사이로 바다를 훔쳐보는 일이 잦았어

나, 조금만 쉬면 안 될까

시선은 이름이 될 수 있어
이름은 무엇이든 될 수 있어
시선이 이름이 되고 형체가 되고 조금씩 작아지고 커지고 부딪히고 부풀고 줄어들고 어지럽고

점으로 점으로 점으로…….
사그라드는 걸 지켜보다가
나는 눈을 감았어

전부 알아버린 표정을 하고
이쪽을 쳐다보는 널 본 것도 같았지만

/*진아*
우울은 잘 마르도록 내버려 두어
그리고 선험적으로 믿어
믿으면서 기다려
모든 것은 너로부터 시작되고 너를 향해 끝난다는 것

사랑과 기쁨은 언제고 다시 시작될 거야/

먼저 떠나간 이를 생각한다
멀리서 내 이름이 불렸다고 믿었다

* 영화 〈윤희에게〉 편지 중에서

우울 안 개구리

누군가 나에게
우울을 물을 때
일단 내 우물에
들어와 보라고 해

모두들 이곳을 어려워해
그리고 나조차도 버거워 해
나도 이곳을 나가고 싶긴 한데
나간 후의 일들이 걱정되고 불안해

어쩌면 네가 이곳에
기꺼이 들어와 준다고 말했을 때
이미 우울은 사라지고 없는데
내가 이 사실을 말했을 때

네가 내 우물을 나가버릴 것 같지 왜

불청객

이상한 밤이었다

나는 분명 창을 닫았다 생각했는데
일순간 당신이 들이닥친다

꾸지도 않은 악몽이 뇌리를 가득 채우고
예기치 못한 기억은 쉽게 낙루한다

습기를 머금은 공기는 내 어깨를 짓누르고
당신은 두 손으로 내 목을 조른다

당신은 다정한 얼굴로 나를 어르며 달래고
나는 치사량의 사랑에 숨을 헐떡인다

무심한 달은 빠르게 야위어가고
소나기가 메마른 당신 발목을 적신다

혹 당신이 물에 녹아 사라지지 않을까 노심초사하면
순식간에 범람하는 빗물이 기어코 당신을 삼킨다

숨을 참고 그 속을 향해 뛰어들면
냉랭한 낯을 한 당신이 있다

이상한 밤이었다
꿈이 자꾸만 현실을 닮아가는

팔월

―유월과 칠월 사이, 온갖 날씨를 견뎌 낸 우리에게

팔월의 입구에 서서
오른쪽으로 기울어지고만 있는 언니와 나의 모습은 제법 닮아 있다
우리는 가장 사적인 순간에 허물을 벗고 맨몸을 드러내 보이지
정말 나 말고는 누구도 언니의 잠든 모습을 구경하지 않는 걸까
꿈꾸는 언니는 새벽 터널을 홀로 횡단하는 사람의 표정을 하고 있고
오늘 밤의 이야기는 더 이상 흘러가지 않는다
어젯밤 내 꿈속에서는 공원을 산책하고 있는 언니,
언니는 뒷모습으로만 내게 인사를 건네고
나는 아무도 없는 벤치에 혼자 남겨진다
언니의 그림자는 길어지다가 서서히 사라지고
아침이 와도 우리의 손톱은 조금도 자라나지 않는데
나는 내일이 오기 전에 언니의 기억에서 벗겨져 나간다
계절이 바뀌어도 언니는 내게 몰입하지 않는다
간밤의 우리는 누구도 찾지 않으면 발견되지 못할 타임캡슐이 되고
우리의 면적은 좁아지고 좁아지다가
바닥으로 녹아내리겠지

언니, 우리에게는 벗어야 할 허물이 너무 많고
벗어 낸 허물을 들키지 않아야 하지
말을 시작하게 된 우리는
조용해지는 법을 제일 먼저 배웠잖아

유리병에 담긴 편지

잘 지내니? 탁한 새벽 공기를 맡다가 네 생각이 나서
오래된 편지지를 꺼내서 한 글자씩 적어내려가
우울에 발 묶여 있는 나에게 네가 손을 뻗어주었을 때
네 손을 잡지 않은 것이 아니라
잡으려고 해도 잡히지 않는 게 현실이었어
매일 밤마다 푹 파인 감정을 달래기 위해서
읊는 기ー인 구원 서사가
이젠 나를 어둠으로 몰아넣고
작은 창문 너머로 보이는 것은
날카로운 끝을 가진 초승달 뿐이더라

허공에 손을 뻗어
아등바등 손을 마구 휘젓는 내 모습이 참 우스웠어
거울에 비치는 내 모습은 무언가에 쫓기고 있었고
무릎과 팔꿈치에는 멍과 상처들이 가득했어
푸르고 보랏빛을 띠는 멍과
검고 붉은빛을 띠는 상처들이
그 아파 보이던 자국들이

나에게는 구원의 손길이 되었어

그래, 그 보기 싫은 자국들이 말이야

내게 믿음과 희망만 주던 것들이 재가 되었고
고통과 시련을 안겨주던 것들이
이제는 나에게 위로가 되고 있다는 사실이 참 우스워
어쭙잖게 건네던 타인의 위로들이 가시가 되어서
희망이 된 멍과 상처들을 찌르고
잿빛이 된 희망이 나의 시야를 가려
나는 아직도 우울에서 방황 중이야
매번 손을 내밀어 주었고
울어도 된다며 흔쾌히 품을 내주던 네가 가끔 그립더라

사실은 매일 그리워해
희망조차 없어진 지금의 나지만
네가 있을 땐 네가 희망이었고
네가 나의 구원이었어
끊어질 듯한 목숨을 부여잡고 억지로 살아가지만

난 너의 손길이 그리워

지금의 우울이 아닌,
네가 있을 때의 그 우울을 느끼고 싶어
부정적인 우울이 아닌 긍정적인 우울
그래, 그 기분을 말이야

비가 오지 않는다

하늘이— 파랗던 때가 언제였는지 알지 못한다. 내 제일 오래된 기억부터 하늘은 회빛깔 구름을 덮고 있었다.

흐릿한 아침을 뚫고 공원 벤치에 나와 앉는다. 딱히 무어랄 것도 없이 그저 발길 닿는 곳이 여기였다. 초점 없는 눈이 앞을 응시한다. 피사체는 많지만 아무것도 담지 않은 눈은 지금 무얼 보고 있는 걸까. 잠깐 의문이 든다. 팔다리를 늘어트리고 하늘을 올려다본다.
꽤나 우중충한 것이 금방이라도 비가 올 것만 같았다. 저 멀리서 우르릉—하는 소리가 들리는 듯, 귀를 기울여 보았다. 그때 내가 들은 것이 비의 전초였는지, 나는 알지 못한다.
나는 그 희끄무레한 하늘과 눈을 맞춘다. 너는, 하던 말이 안개로 흩어진다. 고개를 내린다. 공원 안에 움직이는 거라곤 나와 비둘기 두어 마리뿐이다. 그마저도 푸드덕하고 날아가 버린다.

나는 여차하면 비를 맞을 요량으로 벤치에 앉아있다. 내가 사라져야만 비를 내릴 것인지, 하늘은 누가 불로 지진 듯이 점점 더 새까매지기만 한다.

당신은 있었는가

어느 것에도 내 것이 없다
어느 자리에도 내 자리는 없다
어느 웃음에도 내 웃음이 없다
어느 슬픔에도 내 슬픔이 없다

신발 없는 발이 아스팔트 길을 걷는다
뒷걸음칠 필요 없다

존재하지 않았으므로

비, 늘

언제나 네 눈가엔 지긋이 장마가 온다
예고 없는 장맛비는
네 손등에 뚝뚝 떨어지고
마구잡이로 나는 네 구슬을
잡아먹고 있지
서로 우울들을 먹어주자고
우리 언제 약속했던 것처럼

우린
우는 것에 능숙한 사람
네 얼굴에 생긴 윤슬이
유독 시리다는 내 말이 잠겨버리면
너는 내 아가미를 가만히 만지고선

아프지 않았어?
아팠어, 엄청
젖었네
응, 울고 있거든
잠기지 마 아프잖아

보조개에 고인 눈물을
닦아주는 내 오랜 버릇
마침내 우린
우릴 닮은 세이렌을 만났어

심해로 쿵 떨어지면
우리 그땐 비늘로 눈물을 닦고
지느러미로 아가미를 매만지며
우리 가만히
그래 가만히 그러고 있자

구름

우울은
마치 구름 같았다
언제든 비를 내릴 준비를 하는, 그런 구름

비를 내리는 모습은 쉬이 보여주지 않는다
세상 흐름에 몸을 맡기며 자신을 숨긴다

그러나 구름은 아무도 모르는 사이
세상을 검게 물들이고 몸을 불리기 위해
제 주변의 감정과 생각들을 모조리 끌어온다
차갑고 축축한, 그런 형체 모를 것들을

그런 보통의 하루가 익숙해질 즈음,
모두가 방심하고 먹구름을 잊어가는 그 순간

한 번 커지기 시작한 구름은
자신도 주체를 하지 못 한 채
그제서야 제 모습을 드러낸다

차근차근 제 모든 것을 쏟아낼 준비를 끝마치고는
예고도 없이 소낙비를 내린다

바닥엔 웅덩이가, 이파리에선 물이
뚝뚝 떨어진다

한참을 울던 구름은 울음을 멈추곤
다시 제 모습을 숨길 준비를 한다

우울은 그렇게,
자취를 감추고
새로운 나날을 살아가겠지

나선의 아버지

나선이 펼쳐지고 계단을 밟는다

조촐했던 저녁 식탁만큼
적어진 아버지의 머리숱

그가 가장 길었던 가정에서
가장 짧아진 그의 기력

약해진 허리를
아무도 되짚어 볼 수 없게
명랑한 고통을 토로하시고

허리가 연하게 허물어져 가는 동안에
남자는 아버지란 이름이기로 맹세해

끝이 없는 조선소 쇠 냄새를 맡으러
새벽마다 계단을 밟아 올라섰고

아버지는 끝내
나선의 마지막 계단을 밟고 있었으며

나는 끝내
찌개를 식탁 위에 올려둘 뿐이었다

단잠

우리는 알았을까?
이곳은 내일이면 폐허가 될 것이란 걸.

건물 잔해들이 바람을 타고 사방을 여행했다. 열심히 뛰어 봤자 소용없다는 걸 쟤들은 알까. 고장을 넘어 분해된 건물들을 보며 언니와 거짓말 놀이를 했다. 구름을 보고 돌고래라 하듯. 어제는 달팽이를 찾았고 그제는 선인장을 찾았다. 분명 파란 하늘인데 잿빛과 분간할 수 없었다. 언니는 모든 시계가 사라졌기 때문이라고 했다.

너는 갈비뼈가 훤히 드러났을 때 어떤 비명을 질렀니? 대답 대신 흩날리는 부스러기로 하소연하는 너를 어루만졌다. 무서웠지. 나도 너와 같았어.

눈을 감을 때마다 정처를 빌며 우리는 세상을 마주했었다. 녹슨 연장은 제 역할을 하지 못했다. 운 좋게 제대로 찍혔을 땐 괴사를 발휘하는 능력을 얻었으니 득과 실은 늙은 쇳덩이에도 적용된다는 걸 알게 되었다. 가방 가득 지나 버린 날카로움을 담고.

양손에 칼을 쥐고 있으면 두려움이 온도로 남는다. 떨어지는 순간부터 차가워지는 칼. 바닥과 부딪히며 둔탁한 소리를 냈다. 두려움은 그렇게 흩어지는 것이라 배웠다. 너는 기계처럼 다시 칼을 쥐었다. 사라지면 다시 만들면 되는 것이다.

저기 보여? 동이 트잖아
공허하게 퍼지는 목소리
설령 그것이 거짓이라도

구겨짐을 배운 아이마냥 몸을 웅크리며 차가운 숨을 뱉었다. 언니는 천막 밑으로 떨어지는 비를 깡통에 모았다. 나는 깡통에 빗물이 가득 차 넘치기 직전까지 아무 말도 할 수 없었다. 깡통 외곽을 타고 흐르는 물줄기가 시야에 들어왔고 언니는 조용히 내 얼굴을 씻겼다. 거친 감촉을 가장 가까이서 본 순간이었다.

인간의 손으로 되돌릴 수 없는 일도 있다. 떠난 기차를 부르는 것은 무력으로 해결하지만 놓친 언니의 손을 다시 찾는 일, 그것만은. 나는 익숙한 발자국 개수를 맞추기 위해 더욱 빨리 걸어야 했다.

동이 트고 바람이 익기까지 우리가 걸어왔던 길을 유심히 바라보았다. 희미하게 사라지는 약속의 징표. 인사 한마디 전하지 못한 채로.

밤이 오면 단도를 쥐고 잠에 들었다.
언니가 다시 돌아오는 꿈을 꿨다.

시가렛 애프터 섹스

맞닿은 맨살에
한숨처럼 내리붓는
까칠한 오후

방도 몸도 온통 식고
대체 우리 무얼 하나

달이 쪼아 먹은 시린 가슴
눈이 오면 다만 가득 덮자

침대는 태반 뜯기는 소릴 내고
바람이 때린 입술은 웅얼대고
예수가 가엾어 졸린 네 눈엔
맹한 여름만 프렉탈로 한가득

우리 서로 닿아 있는데
어째 서로 닿지 못하나

허연 입김 내는 혜성이
담뱃불을 내어준다

우물에 빠진 순간

한없이 깊은 우물에 빠졌다
나가고 싶어 버둥거려도
소용없음을 알기에
그저 빠져있다

한없이 깊은 우물에 빠졌다
다시 나가 만나게 될
세상이란 미궁이기에
그저 빠져있다

한없이 깊은 우물에 빠졌다
'투쟁'이란 너무도 허무하고
'적응'이란 너무도 두려워서
그저 빠져있다

한없이 깊은 우물에 떨어졌다
메마른 우물 깊은 곳
한 방울이 툭,
그저 흘러내렸다

, 네 번째 반항은 하고 싶지 않습니다

이제는 남길 말이 없습니다

살아내는 것조차 구실을 못 하는
시인은 이름도 남기지 못한 채
문장만 남겨놓았습니다

가로 피었던 문장은 낡아
추억에서 그리움이 되었으니
이제는 돌아가야 합니다

잦은 밤으로 터진 입술도
헤아리기 힘든 제 속도

모두 손 닿을 것 같으면
떠나버리는 것으로 생겨난 불면

아주 가끔은 가장 가까운 문우의
목을 졸라 함께 절필하고픈 반항이
무겁게 흐르기도 합니다

첫 번째 반항은 화장실 두 번째 칸
두 번째 반항은 병원 샤워기 호스 앞
세 번째 반항은 좁은 원룸 책상 앞
,

행복하고 싶었을 뿐인 제게
주어진 선택은 떠날 것인지와
계속 아플 것인지

외로움과 두려움을
제 앞에 앉아 목도해 주세요

당신이 바라볼 제 얼굴은
어떤 표정을 지어 마지막을
알릴지 모르지만

저는 바라보지 못할 표정이
억지로라도 웃고 있길 바라요

그저 행복하고 싶었을 뿐이라고
이렇게라도 벗어나고 싶었다고

'왜?' 라는 질문 앞에 걸어둘 제목을
간신히 버티다 터져버린 입술을

당신은 무엇으로 기억할까요

우울증

끝없는 터널 속에 갇혀있다
언제 들어왔는지
어디가 시작인지조차
기억나지 않는 슬픈 터널
터널을 빠져나가야 한다는 생각도
앞으로 나아가야 한다는 생각도
아무런 생각도 들지 않는 공허한 터널
돌아보니 어둠만이 가득하다
되돌아갈 수도 나아갈 수도 없는
그런 터널의 중턱에서
나는 오늘도 아무것도 하지 못한 채
이렇게 하루를 떠나보내는구나

변태變態

  1. 복잡했다. 세상에 속하지 못하고 동떨어져 있는 동안, 나는 온전히 나로서 존재했다. 수많은 나의 모습을 만나면서 수없이 좌절했다. 내가 바라고 상상하던 내 모습들이 사라져갔다. 내가 열심히 살아야 할 삶의 이유가 사라져가던 날들. 아무 생각이 없고 무슨 생각을 해야 할지도 모를 지경이던 날들. 그 어떤 것에 손이 닿아도 너무 금방 놓쳐버리고선, 다시 잡지는 않던 날들. 하고 싶은 일에 대한 회의감도 들면서, 점점 나를 잊어가며 스스로에 대한 확신 마저 투명해져 갔던 날들. 그리고 과거에 파묻혀 눈물 흘리던 나날들. 무서웠다. 인간이 이렇게나 무감각하게 살아갈 수 있다는 점이 무서웠다. 인생의 길을 잃어버린 기분이었다.

  2. 늦은 밤에 침대에 누워 이리저리 뒤척이며, 흐르지 못하는 눈물들을, 애써 짜내어 이불로 닦아내던 날들. 너무나 갑갑한 현실과 나의 모습 때문에 어떻게든 짜내야 했던 투명한 고름들. 목이 메어 흐느끼지 못해, 숨이 막혀 죽을 것 같던 나 자신을 살리기 위해, 애써 호흡하려 했던 어느 새벽. 혼자라는 게 온몸으로 느껴지던 그 순간, 나는 더 나를 고립시켜 괴롭게 만들었지. 나를 구원하는 건 결국

내 자신이었으니까. 생각 없이 살면서 작은 것들에 귀 기울였다. 어쩌면 사람이 작아 보일 수도 있는, 어쩌면 사람이 깊어 보일 수도 있는, 즐거우면 쉽게 웃었고, 눈은 정면을 향하되 입은 예쁘게 웃음소리를 냈다. 화가 나면 소리내서 화를 냈고, 입은 시원하되 마음이 허해지고 머리는 비어버렸다. 슬프면 쉼 없이 눈물이 흘렀고, 슬픔이 슬픔을 만들었다. 하고 싶은 말이 있으면 꼭 했고, 동시에 나는 가벼움과 무거움 사이에서 고통을 겪었다. 이는 모두 나를 위함이었다.

3. 덕분에 자잘한 생각들이 나의 가벼움을 견디지 못해, 떨어져 나간 듯하다. 무작정 시집을 집어 들고 읽기 시작했다. 나를 이해해주는 듯한 구절을 발견하면, 나는 더더욱 차분해졌고 내 마음은 더 깊어졌다. 그리고 나는 깊게 미치고 싶었다. 즐거운 비명을 지를 수 있을 만큼 미쳐버린 나를 상상했다.

문득, 길을 잃었다는 생각이 들었다. 나는 아무도 걷지 않는 길 위에 퍼져있는 안개 사이에서 서 있었다. 찾아가는 줄 알았는데 아니었고, 찾았다고 생각했지만 또 아니었다. 아직도 제자리걸음 중인 나는 실로 걷고 있는 것일까.

병실에는 빛이 잘 들지 않았다

욕실 바닥에는 물이 차있다
바닥에 눌어붙은 갱지가 찬물에 젖어있다
희게 식은 타일과 목욕 가구들이
어둔 전구 빛을 받아 빛나있다

녹슨 거울에 침대가 비쳐있다
건넌방의 침대 시트는 누렇게 얼룩이 지어있다
다 헤진 베개 맡 말라 굳은 펜이
관 속에 누인 듯 죽어있다

어디에 있었을까
연락이 끊겨 지겹고 외론 날
나는 어디에 있었을까
욕실 바닥이 침대보다 편한 밤
나는 대체 어디에 있었던가

그렇게 좋았던 날

어디가 아파서
대체 왜 나는
그곳에 있었을까

여전히 병실에는 빛이 잘 들지 않았다

회신

날개가 부러진 선풍기
삐그덕 소리를 내는 매트리스
아무런 바람도 꿈도 이루지 못한 사람
물때 낀 창문 너머의 달

나의 언어도 모르는 나에게
네가 말하는 사랑은 지구 반대편의 속담 같아
의미 없는 진동에 몸을 일으켜 피워낸 불은
빗물 한두 방울에도 쉬이 흩어지더라

내 몸 모든 골목길을 내달려보면
어딘가 남아있을지 모르지
색 없는 벽에 핏빛으로 스며들던 그것이
고개를 들며 사랑이란 이름의 자기소개를 할지도 몰라

손을 내밀어야 할까?
나를 안아 달라 말할까?

온몸이 부서지는 포옹을 끝내고
네 몸에 박힌 사금파리를 빼내며 구원을 찾아야 할까?

거기 구원이 있을까?

이런 생각에 지치고 질려서 이젠
서둘러 보낸다
새어 나오기 전에
내게 아무 걱정 없도록

III

선물

한 글자 두 글자 꾹꾹 눌러 담아 보냅니다

걱정 한 움큼 담아
연민 한 움큼 담아
위로 한 움큼 담아
애정 한 움큼 담아

찬 공기 가득한 시간
또르륵거리며
눅진함 담고 있을 그대를 위해
제 마음을 담아 보내 봅니다

가득 채워 뚜껑을 닫으니
옆에 남겨둔 걱정이
눈에 밟히네요

뚜껑 열어 사이사이에
좀 더 넣어봅니다

오늘 밤은 당신의 걱정 대신
보내드린 나의 걱정 드시며
안녕한 밤 되기를 빌어봅니다

한 글자 두 글자 그대를 그리며 보냅니다

우울 500ml

욕조에 누워서 맥주를 마시고
맥주 캔을 물에 담가보면 뽀글뽀글 보글 바글
요란하게 가라앉으면 캔에 물이 가득 찼다는 뜻이다.
가득 찬 캔이 욕조 이리저리에 팅 탱 탕
묵직하게 튕기는 소리를 보면
우울이 묵직이 담긴 내 모습을 보는 듯했다.
맥주를 비우는 날엔 나의 우울이 채워지는 날이었다.
욕조 안 맥주 캔의 둔탁한 소리가 내 마음을 대신해 주는 것만 같아 조금은 후련해지는 순간이다.

차라리

차라리 파도에 쓸려가자
찬연한 바다는 빛나서
부러지는 마음도 쓸어가니

차라리 파도에 부서지자
찬란한 바다는 비쳐서
부서지는 이름도 보여주니

차라리 파도에 밀려가자
찬찬히 바다는 비워져
부스러진 사람도 쉬어가니

차라리 파도에 잠겨가자
차디찬 바다는 비루한
부끄러운 죽음도 담아 가니

차라리 바다를 보러 가자
차오른 파도는 비로소
부어오른 우리를 안아주니

귀가

온통 짙푸른 색으로 점철된 날

철벅철벅 발자취는 흑심같은 먹물을 뱉어냈다
내이름을 읊조리는 목소리에 뒤돌면 그곳에는
아무것도 아무일도

밤도로를 밝혀주는 전조등도 어느새 가려졌다
옷자락을 붙잡은건 빗물인가 아니면 잔향인가
아는이는 누구인가

울고 있는 눈송이만이, 어깨를 살포시 어루만졌다

동아줄

동아줄 하나 내려주시오.
예토穢土에서 나를 떼어주시오.
트더지면 어떤가
기쁘게 추락하지.
산산이 흩어질 터이니
허연 혓바닥으로 마중하시오.
어서 나를 삼켜주시오.

동아줄 한 번 끊어주시오.
정토淨土는 어드메요, 닿지를 않소.
색수상행식* 흩어질 날은 또 어드메요.
어제도 오늘도 어디도 도망갔소.
꼭 헤엄친 만치로 도망갔소.
정토淨土래봐야 토土가 아니오?
어서 나를 놓아주시오.
그물땅 틈바구니에 처박히겠소.
깊숙이 깊숙이 말라비틀어져
지푸라기가 되겠소.

객이 움켜쥘는지 아닐는지
지푸라기가 되겠소.

* 불교에서 자아를 구성하는 다섯 가지 요소

부상浮上

분명 빛에 다가간 줄 알았는데
예전의 그 깊은 바닷속에서
옅은 숨 조용히 내뱉으며
여전히 침몰하고 있는 너에게,

일어서자
걷지 않더라도 중력을 버티어 서자
나아가지 못해도 저항은 해보자

기억해 내자
그 포악스러운 길을 떠올리자
그저 한 발자욱 떼고자 무디게 피를 묻혀갔던,
두터워진 발을 어루만지자
벌어진 상처 아물려 보겠다고 억척스럽게 돋아난 새살을 비웃자

일어서자
더 이상 무엇에도 겁먹지 않을 듯 눈을 뜨자
일어나 내가 지을 길을 읊어보자

잘 자

나 그저께 살기 싫다 생각했어
그러다가 너하고 얘길 했지
지금은 좀 괜찮아졌는데
어느 날 콱 죽어 버릴까 봐
그게 무서웠어

우리 꼭 나아지자
잘 이겨내자
우리 꼭 나아지자
잘 이겨내자
잘 자 잘 자

나 어저께 살기 싫다 생각했어
그런데 죽기는 더 싫은 거야
난 아직 도전할 것도 많은데
어느 날 콱 죽어 버릴까 봐
그게 무서웠어

우리 꼭 나아지자
잘 이겨내자

우리 꼭 나아지자
잘 이겨내자
잘 자 잘 자

나도 종종 그 생각을 하는
내가 무섭기도 해
맞아 사실 나도 고민 중이야
조금 나아진 자리를 눈보라가 채울까 봐

우리 꼭 나아지자
잘 이겨내자
우리 꼭 나아지자
잘 이겨내자
잘 자 잘 자

신호

바다에 빠지면 뽀그락거리는 물거품 소리가 들리는데 공기로 가득한 이곳은 조용한 편이야. 그래서 감기처럼 덜컥 빠질 수밖에 없었던 걸까. 가끔 막을 수 없는 해일이 몰려올 때는 귓가에서 물이 뚝뚝 떨어져서 그런지 가득 차오르는 소리가 들려. 사실 어제는 심해처럼 낮과 밤이 구분되지 않는 하루를 보냈어. 해가 떠도 눈앞을 보고 싶지 않아 다시 눈을 감고 기나긴 밤에 숨었거든. 내 어두운 갈색 눈을 봐도 삶을 마주할 용기와 생동감을 찾을 수 없었어. 이곳에서는 사람의 행동반경이 좁아지기도 하는데, 손가락을 움직이고 현관문을 넘어 햇살 아래에 서는 게 어려웠어. 그러다가 이 소리 없는 싸움에 누가 대신 싸워 줄 수 없다는 걸 알게 되면 무너질 것 같은 날이 있을 거야. 있잖아, 다른 건 몰라도 그런 날. 뭉그러뜨린 마음이 뜨거운 냄비 안에 달궈져서 울컥하게 되는 날까지에도 혼자서 모든 걸 짊어지려고 하지 않았으면 좋겠어. 나는 우리가 머리카락으로 연결되어 있다는 생각을 해. 어딘가에서 빠져 넘실거리고 있으면 머리를 어루만지고 다독일 수 있도록 말이야. 혼자가 아니라는 걸 느낄 수 있을 때까지 머리를 맞대고 감정을 주고받을 수 있게 연결하는 거지.

그러니 여름은 끝났지만 장마는 그대로인 여기에서 같이 숨을 쉬고 있다는 걸 잊지 말자. 물기에 젖은 머리카락을 넘길 수 있게 되고 여름을 다시 이유 없이 싫어하게 된다면 우리는 마침내 흐르고 날고 가늘어질 테니까.

우울이란 태풍

일기 예보가 떴다
오늘 저녁에 태풍이 온다고
하지만 그것은 오보다

태풍은 이미 휘몰아치며
나의 속과 겉을 단 번에 찢고 날아가

저기 저 아름다웠던 마당을
돼지우리로 만들고
마지막 발악을 하고 있다

예견은 했었지만
태풍은 항상 이런 식이다

난데없이 나타나
나의 모든 것을 들쑤시고 헤집으며
고통 속에 쓰러지는 나를 보며
희희낙락하는 저 악마 같은 모습

이제는 나를 놓아줄 때가
되었다고 생각했는데

아직 나는 악마의 발치에서
놀아나고 있다

흩어진 나의 일부를 찾아
낡고 무딘 칼날을 간다

돌아오는 날에는
내가 그의 목을 베어
밟고 나갈 것이다

우울이라는 태풍이
다신 나를 씹어 먹지 못하도록

우울하기 좋은 날

오늘은 볕이 잘 들고 바람도 선선해서
늦잠을 자고 이불을 벗어나기 싫은 날

 그래
오늘은
너무나 우울하기 좋은 날
       이
     지

 그럼
클래식
음악을 크게 틀어 두고서
      꿈 을
      꾸 는
      사 람
      처 럼
 울고   웃 고
춤추고   돌 며
사라질 몸짓을 그려볼래

낮고
무거운
피아노 소리가 들려오다
　　　　　　　이 내
　　　　　　　고 운
　　　　　　　소 리
　　　　　　　길 게
흘러　　　　　나 온
그때가　　　　바 로
꿈속에 빠져들 시간이야

천
천
히
숨 을
쉬 어
모 두
괜
찮
아

야상곡

괜찮아. 괜찮을 거야.

두근거리던 불규칙은
더는 없을 거야
귓바퀴에서 맴도는 진동이
마지막까지 다독여줄 테니

괜찮아. 괜찮아야만 해.

약간의 떨림
죽어가는 음성으로도
나의 밤은 가치가 있다는 걸
이미 알고 있잖아

괜찮아. 괜찮아질 거야.

커튼 너머로 갈 수 없지만
암막으로 펼쳐지는 파라다이스 만은

내가 죽는 그날까지
나의 운명과 함께해 줄 거라
믿어 의심치 않아

그 끝이 영원하고
비극이더라도

마지막을 함께해 준다는
믿음을 내게 주었으니까

괜찮을 거야.

괜찮아.
괜찮아.

파도시집선 005

우울

초판 1쇄 발행 2021년 9월 24일
　　5쇄 발행 2025년 7월 7일

지 은 이　| 안소연 외 53명
펴 낸 곳　| 파도
편　　집　| 길보배
등록번호　| 제 2020-000013호
주　　소　| 서울시 서대문구 증가로 17길 38
전자우편　| seeyoursea@naver.com
I S B N　| 979-11-970321-7-2 (03810)

값 10,000원

ⓒ 파도, 2021. Printed in seoul, korea.

* 이 책의 판권은 지은이와 파도에게 있습니다. 양측의 서면 동의 없는 무단 전재 및 복제를 금합니다.
* 맞춤법과 띄어쓰기는 원본에서 기인하였습니다.
* 파도시집선 참여 작가들의 인세는 매년 기부됩니다.